LETTRE

D'UN FRANÇAIS

A

LORD STANHOPE,

De l'imprimerie de POULET, quai des Augustins, no. 9.

LETTRE

D'UN FRANÇAIS

A

LORD STANHOPE,

ET

RÉFLEXIONS

SUR L'ÉVÈNEMENT ARRIVÉ A LORD WELLINGTON,
DANS LA NUIT DU 10 AU 11 FÉVRIER;

PAR LE GÉNÉRAL BARON JUBÉ.

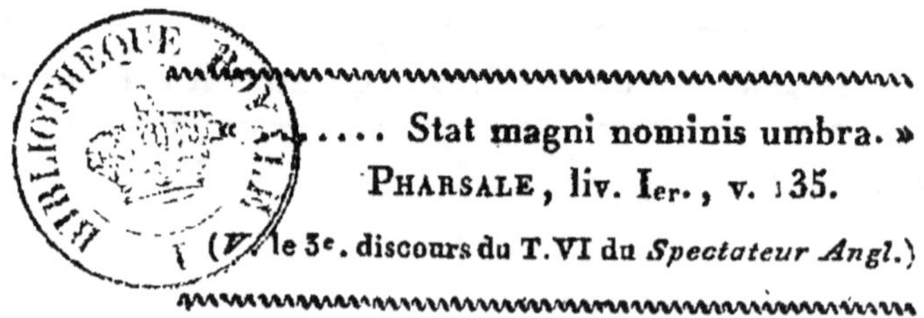

« .... Stat magni nominis umbra. »
PHARSALE, liv. Ier., v. 135.
(V le 3e. discours du T. VI du *Spectateur Angl.*)

A PARIS,

CHEZ PLANCHER, ÉDITEUR DU MANUEL DES BRAVES,
Rue Poupée, no. 7.

1818.

LETTRE

D'UN FRANÇAIS

A

LORD STANHOPE.

Mylord,

Il y a précisément un siècle que l'un de vos ancêtres, appelé au conseil de Georges Iᵉʳ., et à la dignité de pair d'Angleterre, signait le traité de la *quadruple alliance*. Déjà toute la politique de Louis XIV était renversée, et la cause que ce grand roi avait essayé de défendre était abandonnée. L'intérêt personnel du régent de France et du nouveau roi d'Angleterre avait produit cet étrange changement ; et, après la longue guerre de la *succession* (Espagne), les deux nations furent étonnées de se trouver amies, et, bien plus encore, de voir une telle suspension d'armes durer vingt-cinq ans.

Je désirerais savoir, Mylord, si, à cette époque, le chanchelier *Stanhope* aurait approuvé que, dans l'une ou l'autre Chambre, on eût renouvelé publiquement ces diatribes, autorisées par vos usages pendant la chaleur des hostilités ?

Si vous m'accusiez de remonter trop haut pour aller

chercher des souvenirs, j'évoquerais l'ombre de votre père pour vous rappeler avec quel ménagement les ames grandes, nobles, élevées, s'expriment quand elles ont à parler des nations. Serait-il possible que votre jeunesse eût été plus séduite par l'exagération de *Burke*, entraîné, dans sa vieillesse, à trahir ses engagemens envers le marquis de *Rockingham*, son bienfaiteur, que par l'éloquence des *Stanhope*, des *Lansdowne* et des *Lauderdale*, toujours dirigés par l'amour éclairé de la patrie ?

Entouré, enveloppé, pour ainsi dire, de si parfaits modèles, comment êtes-vous allé en chercher si loin de vous, Mylord, et copier servilement, au sein de la paix, ces outrages qui ont à peine trouvé leur excuse dans l'acharnement d'une guerre que votre ministère avait appelée *guerre d'extermination ?*

Quoi ! après vingt-cinq ans de combats où les guerriers vainqueurs et vaincus ont eu, sur terre et sur mer, tant d'occasions de s'estimer mutuellement ; après un traité devant lequel la nation française, impatiente de repos, et satisfaite d'une constitution qui légitimait ses longs efforts, n'a point reculé ; après des preuves multipliées de son exactitude scrupuleuse et de sa loyauté, c'est vous qui, sans aucune provocation, sans aucun prétexte plausible, élevez la voix pour insulter, dans votre île, à un peuple que ses malheurs seuls et sa constance feraient un devoir de respecter !

Mylord, cette attaque imprévue n'a rien de la noblesse que supposent et le nom que vous portez, et le

rang que vous occupez. Cette considération me déter-
mine à vous répondre, non pour l'honneur du nom
Français, qui, certes, n'a plus besoin d'apologie, mais
pour élever un monument de plus à la vérité ; monument
pour lequel je ne veux employer que les matériaux que
vont me fournir et votre glorieux père et ses illustres
amis. Voilà les juges que j'invoque dans une cause que
nous ne répugnerons jamais à rendre nationale : si vous
les récusiez, Mylord, vous renonceriez à la plus belle
portion de votre héritage.

Commençons, Mylord, par convenir de l'inutilité de
rappeler comment ont commencé nos querelles, à la
fin du siècle dernier. Ce n'est pas un orateur français, mais bien le respectable duc de *Bedfort*, qui pro-
nonça chez vous ces mots historiques : « Nos efforts ont
» beaucoup contribué à établir en France le régime de
» la terreur, et notre ministère n'a que trop de part aux
» malheurs qui ont déchiré ce pays. » Ce peu de pa-
roles du vénérable lord, suffisent pour nous autoriser
à ajouter foi à des assertions plus détaillées, et à traîner
bien des accusateurs devant le tribunal redoutable de
l'histoire et de la postérité.

Mylord, la nation anglaise n'a pas toujours eu une
Constitution ; et depuis qu'elle en a obtenu une, elle n'a
pas toujours su en jouir avec tranquillité. Malheureuse-
ment ses troubles n'ont été que trop imités chez nous,
et vous avez le triste avantage de nous avoir devancés,
et de nous avoir servi de modèles. Il n'est pas une folie,
pas un excès, pas un attentat dont vous ne nous ayez

(8)

donné l'exemple ; et la fatalité veut que nos *déesses* même de la *liberté*, n'aient été que la répétition des extravagances plus horribles commises dans les rues de Londres, au mois de mai 1769, en l'honneur du célèbre *Wilkes*, que le peuple anglais s'obstinait à regarder comme le *protecteur* de ses priviléges. Vous êtes donc nos maîtres, sous un rapport qui ne saurait, en rien, justifier votre orgueil.

Après avoir vu échouer deux vastes coalitions contre le *peuple abject*, après avoir fait retentir les salles de Westminster de ces injures qu'il vous plaît de répéter aujourd'hui, et auxquelles nos écrivains ont toujours répondu d'une manière victorieuse, votre ministère signa enfin *la Paix d'Amiens*, le 27 mars 1802. C'était renoncer au système de diffamation, si aisé à soutenir quand on a l'Océan pour remparts.

Je sais que cette paix ne fut qu'une très courte trève, mais c'est bien moins sa durée éphémère qu'il nous importe de considérer, que les discussions qui l'ont précédée, et presqu'immédiatement suivie dans votre parlement.

La nation française a trouvé là pour défenseurs et pour panégyristes les hommes les plus célèbres par leurs lumières, par leur patriotisme et par leur éloquence, des hommes qui pouvaient, alors, dire comme vous aujourd'hui, Mylord, qu'*ils n'étaient point enrôlés sous les bannières du ministère, ni enchaînés dans les liens d'une opposition systématique, et qu'enfin dans leur vie*

*publique , ils n'avaient d'autre but que la paix et le
bonheur de leur pays.*

Mais ce langage qu'ils avaient si bien le droit de tenir, devait conduire ou à la pacification, ou au maintien d'un traité amical. Et vous l'employez pour provo-
quer de nouvelles mesures hostiles, pour jeter au milieu de nous de nouveaux brandons de discorde, pour
appliquer à un traité que l'on exécute, d'étranges
interprétations.

Quand vous avez prononcé votre Philippique, Mylord, vous veniez de lire le chapitre VI de notre *Montesquieu*, sur les causes de la grandeur des Romains.
Vous étiez frappé de ces passages : « Le sénat tenait à
» terre ceux qu'il trouvait abattus... Il s'érigea en tri-
» bunal qui jugeait les peuples... Il se servait des alliés
» pour faire la guerre à ses ennemis, et ensuite il dé-
» truisait les destructeurs... Il aimait mieux tenir toute
une nation ciminelle, afin de se réserver une ven-
» geance plus utile... La coutume des Romains était
» de parler toujours en maîtres... Comme ils ne fai-
» saient jamais la paix de bonne foi, que leur dessein
» était d'envahir tout, que leurs traités n'étaient que
» des suspensions de guerre, ils y mettaient des con-
» ditions qui commençaient toujours la ruine de l'état
» qui les acceptait. Ils s'emparaient des places fortes ,
» ils bornaient le nombre des troupes de terre , ils se
» faisaient livrer les chevaux, les éléphans, les vais-
» seaux, etc.... Après avoir détruit les armées d'un
» prince, ils ruinaient ses finances par des taxes exces-

» sives ou un tribut, sous prétexte de lui faire payer
» les frais de la guerre, nouveau genre de tyrannie,
» qui le forçait d'opprimer ses sujets, et de perdre leur
» amour.... Mais surtout leur maxime constante fut
» de diviser.... Quelquefois ils abusaient de la subti-
» lité du langage : ils donnaient même à leurs traités
   une interprétation arbitraire.... Ils ne laissaient rien
» à l'ennemi vaincu, et la moitié de l'argent qui fut
« donné aux Romains pour conserver leur faveur, au-
» rait suffi pour les vaincre.... Maîtres de l'univers,
» ils s'en attribuèrent tous les trésors : ravisseurs moins
» injustes comme conquérans que comme négociateurs. »

Voilà, Mylord, avec ordre et clarté, le texte de votre discours. Permettez que je vous indique pour sujet d'autres réflexions, le chapitre XIX du même ouvrage, les ravages des Vandales, et *la facilité*, dit Montesquieu, *avec laquelle les destructeurs furent eux-mêmes détruits par les Francs.*

Vous vous croyez donc le droit d'intervenir dans les affaires intérieures de notre pays : ce droit, vous le faites dériver du *droit de conquête*. Mais serait-il permis de vous observer, Mylord, qu'un succès amené bien moins par la force des armes que par des combinaisons politiques, ne peut autoriser à assimiler la France à vos immenses usurpations dans l'Inde, et que nous serions toujours prêts à le prouver, *si l'Angleterre*, comme le disait une femme célèbre, sur le bord de sa tombe, à l'un de vos ministres, *voulait honorer la France d'un tête-à-tête ?*

Vos droits sont ceux, et ne sont que ceux que vous donnent les traités. Il est d'une sage politique de n'en point invoquer d'autres, et surtout de ne point porter votre sollicitude jusqu'à nous soupçonner mécontens d'une constitution qui comble nos souhaits, surtout si l'absence de votre intervention permet enfin à notre gouvernement de nous en abandonner la pleine et entière jouissance. Est-il possible que chez une nation alliée puissante de la dynastie qui nous gouverne, le jeune lord *Stanhope*, parlant du maintien d'une paix qui, selon ses propres expressions, a coûté tant de sang et de trésors, suppose tranquillement la possibilité de ce qu'il appelle une *dissection*, et rappelle froidement l'antique division de notre patrie en *Gaule Celtique*, *Belgique* et *Aquitanique* ? Voilà, certes, une érudition bien placée. Eh bien, Mylord, cette division-là ne fut elle-même que le résultat de factions entre les républiques qui formaient d'abord un même peuple sous un même gouvernement ; il faudrait donc, pour se conformer à ce qui fut, non-seulement nous laisser réunis sous notre auguste chef, mais reporter nos frontières jusque sur le Rhin, et jusqu'au-delà des Alpes.

Mais qui s'avise d'aller rechercher quelle fut la Gaule avant la conquête de César ? Et si vous aviez la fantaisie d'user des droits du consul romain, il fallait agiter ces droits en présence de nos camps, et avant le licenciement de nos armées, condition rigoureuse d'un pacte qu'il ne vous est pas plus loisible de rompre que d'interpréter.

L'exemple des Romains, dont je vois que vous vous êtes pénétré, a sans doute quelque chose de séduisant, mais quoique *Mithridates* soit vaincu, il reste des princes plus habiles, plus puissans que les *Antiochus*, les *Philippe* et les *Prusias*, et la foi punique, partout où elle se trouverait, serait déjouée par la politique européenne.

Mais quel est donc ce peuple dont vous vous entretenez avec tant de mépris ? Louis XIV, frappé, mais non vaincu par la mauvaise fortune, invitait un de vos ambassadeurs qui voulait abuser de sa situation, à ne le pas contraindre de se reporter sur d'anciens souvenirs. Louis XIV, Mylord, était éminemment Français, et après vingt-cinq années de combats, de gloire et de de trophées, il existe aujourd'hui beaucoup de Français de sa trempe. Si un échec pouvait entraîner l'avilissement d'une nation, que faudrait-il penser de la Grande-Bretagne défendue par les mers, et cependant conquise et reconquise par les *Saxons*, par les *Danois*, par les *Normands*, par les *Angevins*, par un révolté, par un prince d'Orange, etc.? Permettrions-nous à nos orateurs, surtout au sein d'une paix si chèrement achetée, de s'autoriser de ces jeux de la fortune, pour calomnier un grand peuple que ses institutions ont fait parvenir à un si haut degré de puissance ?

Les Français aspirent aujourd'hui à mériter les mêmes éloges et le même bonheur.

Ces Français que votre ministère calomniait pour

justifier ses aggressions, furent ainsi défendus par le
lord *Stanhope* votre illustre père :

« Il ne s'agit de rien moins que de savoir si le par-
» lement va s'engager à soutenir une guerre *préparée*
» *par* nos ministres, *et dans laquelle nous sommes les*
» *aggresseurs*, oui, les aggresseurs...... Nos ministres
» ont voulu la guerre : ils l'ont commencée, puisqu'ils
» ont fait précisément ce qu'il fallait pour cela, en ren-
» voyant M. *Chauvelin* (1) de la manière la plus igno-
» minieuse. Si vous voulez que la nation déploie l'é-
» nergie convenable dans les circonstances présentes,
» il faut que vous lui disiez la vérité, la vérité que
» nous ne pouvons déguiser aux yeux de l'Europe, ou
» du moins aux yeux de la postérité.

» Tenir un tel langage, tandis qu'il règne une opi-
» nion contraire *portée jusqu'à la phrénésie*, c'est se
» rendre impopulaire, je le sais ; mais autant j'aurais
» été prêt à courir les premiers dangers de la guerre,
» en cas d'une insulte réelle, autant *la probité me dé-*
» *fend d'y souscrire*, lorsque, par le fait, nous nous
» trouvons les seuls aggresseurs. »

Lord *Lauderdale* s'écriait :

« Une des plus puissantes manœuvres pour natio-
» naliser la guerre, ce sont ces libelles atroces contre
» les Français, libelles où l'absurdité va de pair avec
» la perfidie..... Le triomphe factice sur l'opinion ne
» ne saurait être de longue durée.... Employer l'art

____

(1) Ambassadeur de France en Angleterre, aujourd'hui député
du département de la Côte-d'Or.

» perfide d'exciter nos passions, dé flatter notre or-
» gueil pour nous amener, le bandeau sur les yeux, à
» leur but, c'est, de la part des ministres, une impo-
» litique dont le crime ne peut échapper long-temps
» aux regards et à l'horreur qu'il inspire..... Je les cite
» au tribunal de Dieu, à celui de leurs contemporains
» et de la postérité. »

Voilà, Mylord, le langage de l'honneur, de la vertu,
de la conviction. Voulez-vous quelque chose de plus
direct? continuez.

« Je crains bien que les arrières-pensées ne soient
» des vues d'agrandissement : je crains qu'on ne veuille
» jouer le rôle aussi insensé qu'injuste de puissance co-
» partageante ; ..... un pressentiment secret me le
» dit. . . . . »

Tant de courage n'ayant obtenu aucun succès, et
l'argent ayant été voté pour acheter l'effusion du sang,
les lords *Stanhope*, *Lansdowne* et *Lauderdale* signèrent
une protestation héroïque que vous connaissez, Mylord,
et où l'Europe remarqua « que la France avait tou-
» jours témoigné de la répugnance à rompre avec l'An-
» gleterre; que les dernières provocations du ministère
» en étaient la preuve ; que *pouvant donner la paix à*
» *toute l'Europe*, l'Angleterre allait tout mettre en
danger...; que lors même qu'il serait de l'honneur
» du ministère de faire la guerre aux Français, on réus-
» sirait mieux à les abandonner à leurs dissentions,
» parce que toute aggression *les réunirait pour l'intérêt*
» *commun, et ranimerait leur énergie...*; que d'ail-

» leurs les Français ont autant de droit que les Anglais » de jouir de la liberté civile.... » Je supprime ici la suite, bien autrement énergique, de la protestation particulière du lord votre père, n'ayant point pris la plume pour aigrir le présent aux dépens du passé, et voulant prouver, par cette réticence, le désir sincère de voir les deux nations unies, s'il est possible, par des liens indissolubles.

Je me plais à croire, Mylord, que la doctrine d'un père respecté ne saurait vous être rappelée sans exercer une douce influence sur votre cœur. Ne doutez pas que les négociations de 1814 et de 1815 n'eussent eu une autre issue, si les Français, au lieu d'entendre la voix de leur Roi, eussent prêté l'oreille à ces cris de *Burke* : « Si jamais nous mettons le pied en France, » nous y entrerons comme dans un pays d'assassins ; » nous n'y aurons aucun égard aux procédés que les » nations policées ont entr'elles, en se faisant la guerre : » la France n'a pas droit de s'y attendre ; toute la guerre » y sera réduite à une exécution militaire.... »

Comparez ces vociférations avec le résultat des opérations vainement tentées par les Anglais, sur les côtes d'Ostende, sur la Hollande, sur l'Escaut ; et jugez de quel côté furent la noblesse, la grandeur et la modération.

Il ne me reste plus qu'à vous prier de jeter les yeux sur un fameux discours de lord *Stanhope*, et qu'il termina par cette proposition un peu différente de celle de son fils :

« L'Angleterre ne doit point se mêler , et de fait elle
» ne se mêlera pas des affaires intérieures de la France,
» et elle trouve convenable de le déclarer expressé-
» ment. »

Si votre honorable père , Mylord , rendait un si so-
lennel hommage aux vrais principes , à une époque où
la France était en proie aux déchiremens de la révolu-
tion , que dirait ce grand homme , aujourd'hui que notre
édifice social est replacé sur de larges bases qui sont
une garantie assurée contre toute espèce de commo-
tions , aujourd'hui que notre Roi est l'allié intime du
vôtre ? C'est votre cœur et votre esprit que j'ose inter-
roger.

Mais moi , simple citoyen , auquel votre brusque
sortie contre ma nation , donne le droit de vous adresser cette question , je ne songe pas que , sans doute ,
vous allez exiger que je vous réponde , à mon tour , sur
un événement qui a rempli son but , puisqu'il occupe
tout le monde.

Oui , Mylord , les journaux nous ont appris , et l'univers va savoir que , dans la nuit du 10 au 11 de ce
mois , vers une heure du matin , au moment où lord
Wellington rentrait dans l'hôtel qu'il occupe à Paris ,
une arme à feu a été déchargée , *à bout-portant* , sur
son carrosse, sans qu'aucune balle ait atteint ni le lord ,
ni ses gens , ni les chevaux , ni la voiture , ni même les
murailles d'alentour. On ajoute que les deux sentinelles,
les laquais, etc. , se sont mis , inutilement , à la pour-
suite de l'assassin ; et l'on remarque , avec étonnement,

que cet individu s'était caché près de la guérite placée du côté de la rue Saint-Honoré, au lieu de se blottir derrière l'autre guérite, d'où il se serait lancé au milieu de la vaste enceinte des Champs-Elysées, espèce d'asile plus assuré que la rue de l'hôtel du lord, que la rue Saint-Honoré, et que le boulevard où il y a un grand corps-de-garde. Quoi qu'il en soit, on n'a retrouvé ni l'homme, si c'est un homme, ni le pistolet, si c'est un pistolet, ni la balle, si c'est une balle.

Vous vous doutez bien, Mylord, que les conjectures se multiplient, et qu'il y en a de toutes les sortes. Je me trompe, il en est une que personne n'a osé faire, et que sa Grâce aurait noblement repoussée. Qui que ce soit n'attribue ce crime ou cette folie à un Français; car il est, aujourd'hui, bien convenu que nous ne sommes ni lâches, ni extravagans, et que ce n'est pas dans notre nation, si fort calomniée, qu'il faudrait chercher un assassin politique.

Quoique lord *Wellington*, abandonnant un noble rôle que la fortune était venue lui remettre en main, ait imaginé de se porter pour l'*instituteur de la nation*, et ait ainsi déposé, dans le cœur de chaque véritable Français, le germe d'un profond ressentiment, il ne peut être plus en sûreté qu'au milieu de nous. Chaque guerrier, chaque citoyen sert de sauvegarde à un général que l'on est loin de regarder comme un héros, mais dans lequel on respectera toujours le caractère dont les puissances alliées l'ont revêtu, et les braves troupes qu'il a l'honneur de commander. Les mânes illustres de ceux auxquels la journée de *Waterloo* a coûté la vie, protègent la sienne. Ils s'irriteraient si, confiant dans la loyauté française, confondu, au milieu de nous, comme s'il pouvait devenir jamais notre compatriote, ce général voyait ses jours menacés ailleurs que sur un champ de bataille.

En fait de magnanimité, la France n'en cédera jamais à personne ; et elle ne peut reprocher à *François Ier.*, si maltraité par *Charles V*, d'avoir donné passage à ce prince, de l'avoir accueilli à sa cour, d'avoir résisté aux conseils du cardinal de *Tournon*, et suivi les nobles avis du connétable de *Montmorency*, presqu'au moment même où, par ordre de l'empereur, le marquis *Du Guast* faisait assassiner, en Italie, les deux ambassadeurs du Roi de France. Enfin, il n'est pas un Français qui n'ait, en 1753, préféré le sort du malheureux *Jumonville* et de ses infortunés compagnons, à celui du commandant anglais qui les faisait assassiner, en pleine paix, dans le Canada. La grandeur d'âme est si naturelle à notre nation, que le chevalier *Villiers*, chargé d'aller venger son frère et son ami, s'étant rendu maître du fort, non-seulement accorda la vie aux assassins, mais les arracha des mains des sauvages qui ne pouvaient concevoir la clémence des Français. Ajouterai-je que l'officier anglais n'exécuta point la capitulation, ne renvoya point à Québec les Français échappés à la catastrophe de Jumonville, et que le marquis de Mirepoix, ambassadeur à Londres, malgré les plaintes les plus vives, malgré les recherches les plus scrupuleuses, ne put, sur 22 victimes, en retrouver que 7 qu'il parvint à faire rentrer en France ?

Voilà, Mylord, de ces anecdotes authentiques qui donnent à la nation française le droit à une estime générale, et qui nous autorisent à soutenir, *envers et contre tous*, qu'un peuple qui traite aussi bien ses ennemis, peut exiger quelques égards de la part de ceux qui se disent ses amis.

Je suis, Mylord, avec la considération due au nom de *Stanhope*, et au rang que vous occupez,

Votre très-humble serviteur,

Le général AUGUSTE JUBÉ.

Paris, 13 *février* 1818.

P. S. Votre aggression, si hostile en tems de paix, genre d'acte, au surplus, qui ne se présente que trop fréquemment dans les fastes de votre histoire, votre mépris affecté pour un peuple dont vous redoutez encore l'union, le courage et l'industrie, pour un peuple qui, pour ne pas dévorer ses membres et ses entrailles, devrait repousser, sans aucune exception, tous les produits de vos manufactures, et dire, comme Louis XIV, de glorieuse mémoire: **CELA N'EST PAS FRANÇAIS,** auraient pu motiver, de ma part, une réplique plus vigoureuse ; j'aurais pu, Mylord, me permettre de chauds parallèles, et m'abandonner à une énumération brillante de faits dont le développement eût été un baume consolateur versé sur les plaies encore saignantes de ma patrie; mais j'ai cru plus digne d'elle de vous répondre avec sang-froid, d'aller, malgré ma répugnance, choisir mes armes dans vos propres arsenaux, et de couvrir enfin de vaines caricatures par vos tableaux de famille.

FIN.

ÉPISODE

OUBLIÉ DANS LES MÉMOIRES DE Mme. MANSON.

L'INTRIGUE DE RODEZ;

Un vol. in-8° orné de plusieurs Portraits, et d'une Gravure enluminée représentant l'Entrée de Mme. Manson à Alby.

PROSPECTUS.

Sous ce double titre, fait pour exciter la curiosité et l'intérêt, je publierai, dans les derniers jours de février, un ouvrage qui, par le point de vue tout nouveau sous lequel est envisagée l'affaire de Rodez, et par les développemens donnés au caractère de madame Manson, doit fixer enfin toutes les opinions sur ce trop fameux Procès.

La partie consacrée au Procès lui-même parcourt avec détail, non seulement l'évènement qui y a donné lieu dans ses effets judiciaires, mais dans sa cause politique et dans son influence morale. C'est un examen philosophique de toutes les parties qui constituent un Procès célèbre, examen dans lequel, remontant d'un cas particulier à des considérations générales, l'auteur a placé une sorte d'aperçus neufs et importans sur le jury, l'accusation, l'intervention, la publicité des débats, la *conscience testimoniale*, la liberté de la défense, la conviction des jurés et la pénalité dans ses rapports avec les délits, les accusés et la société.

Ces principes de la législation criminelle, vus du côté moral, deviennent bien intéressans, si l'on en fait l'application à des personnages aussi fameux que ceux qui figurent dans l'assassinat de M. Fualdès.

Quant à ce qui concerne madame Manson, on offre aux cœurs sensibles une esquisse de ses plus belles années, dans la peinture rapide de ses relations avec l'homme qui, jusqu'au procès, a fixé son sort. On y verra l'héroïne de la piété filiale, de l'amour maternel, mais plus peut-être encore celui de la singularité romanesque, de la bisarrerie aimable, de l'inconséquence et de la sensibilité. Ce caractère qui, d'un époux qu'elle n'aimait pas, fit un amant adoré, expliquera sa conduite extraordinaire dans un procès où elle a porté son inconcevable mobilité et ses passions originales, comme dans toutes les affections qui agitent celle dont l'auteur, après avoir épuisé pour la peindre, les analyses, les définitions, les couleurs et images, dit avec tant de justesse : *c'est une femme.*

Deux autres épisodes sont consacrés, le premier à l'histoire de l'Infanticide imputé à Jausion ; le second, aux aveux de Bancal *mourant empoisonné.*

On voit que cet Ouvrage, où d'ailleurs tout se rattache à l'unité de dessein, réunit la vérité d'une cause célèbre à l'intérêt d'un roman, et qu'il convient aux esprits graves qui aiment à méditer sur les écarts moraux de notre espèce, comme aux *âmes impressibles* qui ont besoin d'émotion.

Nota. Les journaux qui annonceront ce Prospectus, et qui me feront parvenir un exemplaire du journal dans lequel l'insertion aura été faite, recevront, aussitôt la mise en vente, un exemplaire de l'ouvrage.

NOUVEAUTÉS POLITIQUES

Qui se trouvent chez P. PLANCHER, Libraire.

(Presque tous les articles marqués *d'une étoile* n'ont point été insérés dans le Journal de la Librairie, et p ar celte mesure, les Journaux n'ont pu en parler.)

Cours de Politique constitutionnelle, ou *Collection complette* des Ouvrages publiés par M. Benjamin de Constant, sur le gouvernement représentatif et la constitution actuelle de la France. Cet ouvrage sera imprimé en 4 vol. in-8°. : prix de chaque vol. , 4 fr. —Le troisième volume paraîtra en février.

* *Manuel des braves*, ou *Victoires des Armées françaises*, en Allemagne, en Italie, en Egypte, en Espagne, en Russie, etc., dédié aux membres de la Légion d'Honneur, par Léon Thiessé, Eugène B**, et plusieurs militaires; 6 vol. in-12, ornés de gravures et de cartes du théâtre de la guerre: prix, pour les souscripteurs, 3 fr. le vol., et 4 fr. pour ceux qui n'ont pas souscrit. — Les journaux n'ont point encore annoncé cet ouvrage, éminemment national, et cependant il jouit d'un grand succès.

Les premier, second, troisième et quatrième vol. sont en vente. Les cinquième et sixième vol. paraîtront incessamment.

Introduction du Panorama d'Angleterre ; 1 gros vol. in-8. , orné de caricatures, portraits, etc. ; prix, 10 fr.

Panorama d'Angleterre, ou *Ephémérides anglaises*, politiques, littéraires et philosophiques, publiées par Charles Malo ; 1 vol. in-8°., orné d'un portrait de Mistriss *Siddons*, d'une caricature intitulée : les *Chevaliers de la Bombe*; d'une gravure de mode coloriée, et d'une planche de musique anglaise, avec accompagnement : prix, 6 fr.

Le second volume de cet ouvrage, qui a eu le plus grand succès, est en vente.

* *Le Cri de l'armée*, ou *le Licenciement de* 1815, et de l'organisation de la nouvelle armée ; par M. Edouard de Saint-Aulaire, officier d'infanterie ; in-8°. prix, 1 fr.

* *Campagnes du prince Eugène Beauharnais en Italie*, en 1813 et 1814 ; par M. L. D*****, capitaine attaché à l'état-major du prince, et chevalier de la Légion-d'Honneur ; 1 vol. in-8°., orné d'une jolie carte du théâtre de la guerre : prix, 2 fr. 50 c.

Relation circonstanciée de la campagne de 1813, *en Saxe, sous Napoléon*; par le baron d'Odelében, l'un des officiers-généraux de l'armée, et témoin oculaire ; traduit de l'allemand par M. Aubert de Vitri, l'un des rédacteurs du *Journal de Paris* ; 2 vol. in-8°. : prix, 10 fr

Puissance politique et militaire de la Russie, en 1817 ; par sir Robert Wilson, général au service d'Angleterre, et le même qui a figuré dans l'enlèvement du comte de Lavalette ; 1 vol. in-8°., orné d'une carte : prix, 3 fr.

* *Tableau politique de l'Allemagne*, par M. C. A. Scheffer; in-8°.: prix, 2 francs.

Plaidoyer prononcé par M. Mérilhou, avocat, à l'audience du tribunal de police correctionelle de Paris, le 17 janvier 1818, pour M. *Charles-Arnold* SCHEFFER, auteur de l'ouvrage intitulé: *De la Liberté en France*, prévenu d'écrits séditieux ; suivi de la défense prononcée par l'accusé ; in-8°., prix 1 fr. 50 c.

* *Essais sur quatre grandes questions politiques*, par M. C. A Scheffer in-8o : prix , 1 fr. 5o c.

* *Des Concordats de 1517, entre François Ier. et Léon X, et de 1817,* entre S. M. Louis XVIII et S. S. Pie VII ; par M. Hutteau l'aîné, avocat au parlement de Paris , et ancien magistrat ; un vol. in-8. : prix , 2 fr.

* *Essai philosophique sur le grand Art de gouverner un Etat,* par Alexandre Crevel, auteur du *Cri des Peuples* ; 1 vol. in-8o : prix, 5 fr.

Un Chapitre de la vie de M. de Malesherbes, sur les Protestans, dont on peut tirer quelques conséquences applicables à la constitution du clergé, d'après le Concordat renouvelé de François Ier. ; par M. Hutteau, ancien magistrat, et auteur des Concordats de 1517 ; 1 vol. in-8o. : prix, 2 fr.

* *Souvenirs de M. le comte Regnaud-de-Saint-Jean d'Angely ;* par M. M***, 2 vol. in-12, ornés de jolies gravures ; prix 6 fr.

Le complément de cet ouvrage, en deux autres volumes, paraîtra incessamment.

LE COURRIER DES CHAMBRES, par M. DE SAINT-AULAIRE.

Cet ouvrage paraîtra par cahier de quatre à cinq feuilles, et il contiendra tout ce qui se passera aux Chambres des Députés et des Pairs, avec des Notes historiques sur les principaux membres : prix, pour chaque cahier, 1 fr. 25 c. — Les six premiers cahiers ont paru ; le 7e. sera incessamment en vente.

* CAMILLE, tragédie en 5 actes et en vers, précédée d'un Discours préliminaire ; par M. *Desquiron de St.-Agnan*, 1 v. in-8. ; 2 fr.

* *La Bouche de Fer ;* par l'auteur de *Camille.* Prix du 1er. Numéro, 1 fr. — Prix du 2e., 1 fr.

Le 3e. Numéro paraîtra incessamment.

* LE MINISTÈRE VENGÉ, ou *Apologie victorieuse de la nécessité d'une législation de la presse, des lois, ordonnances et règlemens sur la presse, et de la loi du 9 novembre 1815, dans ses applications aux écrits ;* par un *Constitutionnel salarié,* in-8. : prix , 2 fr.

Cet ouvrage est de M. *Thierry*, l'un de collaborateurs du Censeur européen.

* *Observations relatives au projet de loi sur le recrutement,* par C. A. Scheffer, auteur de l'*Etat de la liberté en France,* ouvrage qui a été saisi et dont l'auteur est en jugement ; in-8. : 1 fr. 25 c.

* *Situation administrative de la France, et moyen de donner aux finances une prospérité réelle et d'acquitter les dettes de l'Etat,* ouvrage présenté aux Chambres par le chevalier A. Philpin, ex-sous-préfet et ancien secrétaire particulier de *Carnot* ; 1 vol in-8o. : prix, 1 fr. 5o c.

* *L'Evangile et le Budget,* ou *les réductions faciles,* par l'auteur de *Voltaire jugé par les faits* ; 1 vol. in-8 : prix, 2 fr.

» *L'écolier de Brienne,* ou *le Chambellan indiscret,* mémoires historiques et inédits, publiés par M. le baron de B***, auteur des *Amours Secrètes de Buonaparte,* etc. ; trois vol. in-12, ornés de *fac simile* : prix, 9 fr.

Œuvres complètes de Voltaire, en 35 vol. in-12, *sans changemens ni suppressions,* augmentées d'un grand nombre de pièces inédites, et ornées de trois portraits.

Déjà le dix-septième volume est en vente ; prix, 3 fr. 5o c. en papier d'Auvergne, et 7 fr. en papier vélin.

Gravures pour l'édition de Voltaire en 35 vol. in-12, *et celle en cinquante.* Première livraison : composée de douze gravures, imprimées sur vélin, et satinées ; prix, pour les souscripteurs : 6 fr.

— Les mêmes, pour les éditions in-8o., prix, 9 fr.

La seconde livraison paraîtra incessamment, et la troisième, à la fin de l'ouvrage.

Louis XVI, et ses défenseurs, ouvrage dédié et présenté au Roi ; 1 vol. in-8°., orné d'un portrait ; prix. 2 fr. 50 c.

La Médecine Politique, ou système physique et moral des corps politiques, adressé aux ministres du Roi, par Alexandre Crevel, auteur de *l'Essai philosophique sur le grand art de gouverner un État*; et du *Cri des Peuples*, 1 vol. in 8°. ; prix, 2 fr. 50 c.

De la Justice et de la Police, ou examen de quelques parties de l'instruction criminelle, considérées dans leurs rapports avec les noms et la sûreté des citoyens ; par M. Aignan, membre de l'Institut, *l'un des jurés dans le procès de l'Epingle Noire* : prix, 1 fr. 50 c.

De la Noblesse féodale et de la Noblesse nationale, par Ch***** T******, ancien consul à Leipsick ; in-8°. : prix, 1 fr. 50 c.

Monsieur Terme, ou la Science de conserver les Places, faisant suite à l'Art de les obtenir ; par un employé *sous tous les régimes*, de 1788. à 1817 ; 1 vol. in-8°. : prix, 2 fr. 50 c.

La Harpe peint par lui-même, ouvrage contenant des détails inconnus sur sa conversion, sur son exil à Corbeil, en 1814 ; ses jugemens sur les écrivains les plus célèbres de son temps ; terminé par une exposition impartiale de la philosophie du dix-huitième siècle, par un membre de l'Académie Française, 1 vol. in-18 : prix un fr. 50 c.

Lettre à M. Odillon-Barrot, avocat en la cour de cassation, par M. Benjamin de Constant, sur l'affaire de *Wilfrid Regnault*, condamné à mort ; prix, 1 fr.

La seconde lettre est sous presse.

Causes (en partie) *inconnues des principaux événemens qui ont eu lieu en France depuis 32 ans, et Vie de l'Auteur* ; par J.-B. Robert ; ancien avocat au parlement de Normandie ; prix des deux premiers volumes, in-8° 12 fr.

Le troisième et dernier paraîtra incessamment.

LE SURVEILLANT POLITIQUE ET LITTÉRAIRE : cet ouvrage est surtout consacré à publier tous les actes arbitraires des agens du pouvoir, et il paraîtra à des époques indéterminées ; le premier cahier est en vente ; prix, 1 fr.

Le second paraîtra incessamment.

Lettre à lord Stanhope, par M. le général baron Jubé, in-8°. ; prix, 1 fr.

L'Abeille Gauloise, ou *le Bouquet de toutes les couleurs*. Un vol. in 18 avec gravure, présenté à S. A. le prince Kourakin. Ce Recueil, composé des meilleurs morceaux des auteurs tant anciens que modernes, tels que Gentil-Bernard, Clément-Marot, Boufflers, etc., etc. ; Désaugiers, de Béranger, Sewrin, etc., etc., est imprimé sur papier de toutes couleurs. Il est destiné à paraître tous les trois mois. Les personnes qui désireront y faire insérer quelques morceaux, sont priées de les adresser, *franc de port*, à M. Poulet fils, Editeur, quai es Augustins, n°. 9. On pourra *proposer* la couleur qu'on désirera.

SOUS PRESSE.

L'Allemagne Fédérative, considérée dans ses rapports avec l'Europe, par M. le Baron de Lamezan, ancien ambassadeur du grand duc de Francfort près la cour de France, un vol. in-8°

VOYAGE A L'EMBOUCHURE DE LA MER NOIRE, ou *Essai sur le Bosphore et une partie du Delta de la Thrace*, par M. le lieutenant-général comte Andréossy, 1 vol. in-8., avec un atlas.

Imprimerie de POULET, quai des Augustins, n°.

www.ingramcontent.com/pod-product-compliance
Lightning Source LLC
Chambersburg PA
CBHW051204050726
47594CB00007B/3059